Добрые сказки и стихи

Художники В. Кастальский, В. Коркин, И. Панков

МОСКВА
РОСМЭН
2018

У солнышка в гостях

Словацкая сказка

Однажды большая туча занавесила небо. Солнце три дня не показывалось.

Заскучали во дворе цыплята без солнечного света.

— Куда это солнышко девалось? — говорят. — Нужно его поскорее на небо вернуть.

— Где же вы его найдёте? — закудахтала наседка. — Разве вы знаете, где оно живёт?

— Знать-то мы не знаем, а кого встретим, того спросим, — ответили цыплята.

Собрала их наседка в дорогу. Дала мешочек и сумочку. В мешочке — зёрнышко, в сумочке — маковинка.

Отправились цыплята. Шли-шли — и видят: в огороде, за кочаном капусты, сидит улитка. Сама большая, рогатая, а на спине хатка стоит.

Остановились цыплята и спрашивают:

— Улитка, улитка, не знаешь ли, где солнышко живёт?

— Не знаю. Вон на плетне сорока сидит — может, она знает.

А сорока ждать не стала, пока к ней цыплята подойдут. Подлетела к ним, затараторила, затрещала:

— Цыплята, куда вы идёте, куда? Куда вы, цыплята, идёте, куда?

Отвечают цыплята:

— Да вот солнышко скрылось. Три дня его на небе не было. Идём его искать.

— И я пойду с вами! И я пойду с вами! И я пойду с вами!

— А ты знаешь, где солнышко живёт?

— Я-то не знаю, а заяц, может, знает: он по соседству, за межой, живёт! — затрещала сорока.

Увидел заяц, что к нему гости идут, поправил шапку, вытер усы и пошире ворота распахнул.

— Заяц, заяц, — запищали цыплята, затараторила сорока, — не знаешь ли, где солнышко живёт? Мы его ищем.

— Я-то не знаю, а вот моя соседка, утка, — та, наверно, знает: она около ручья, в камышах, живёт.

Повёл заяц всех к ручью. А возле ручья утиный дом стоит и челнок рядом привязан.

— Эй, соседка, ты дома или нет? — крикнул заяц.

— Дома, дома! — закрякала утка. — Всё никак не могу просохнуть — солнца-то три дня не было.

— А мы как раз солнышко идём искать! — закричали ей в ответ цыплята, сорока и заяц. — Не знаешь ли, где оно живёт?

— Я-то не знаю, а вот за ручьём, под дуплистым буком, ёж живёт — он знает.

Переправились они на челноке через ручей и пошли ежа искать. А ёж сидел под буком и дремал.

— Ёжик, ёжик, — хором закричали цыплята, сорока, заяц и утка, — ты не знаешь, где солнышко живёт? Три дня его не было на небе, уж не захворало ли?

Подумал ёж и говорит:

— Как не знать! Знаю, где солнышко живёт. За буком — большая гора. На горе — большое облако.

Над облаком — серебристый месяц, а там и до солнца рукой подать!

Взял ёж палку, нахлобучил шапку и зашагал впереди всех дорогу показывать.

Вот пришли они на макушку высокой горы. А там облако за вершину уцепилось и лежит-полёживает.

Залезли на облако цыплята, сорока, заяц, утка и ёж, уцепились покрепче, и полетело облако прямёхонько к месяцу в гости.

А месяц увидел их и поскорее засветил свой серебряный рожок.

— Месяц, месяц, — закричали ему цыплята, сорока, заяц, утка да ёж, — покажи нам, где солнышко живёт! Три дня его не было на небе, соскучились мы без него.

Привёл их месяц прямо к воротам солнцева дома, а там темно, света нет: заспалось, видно, солнышко и просыпаться не хочет.

Тут сорока затрещала, цыплята запищали, утка закрякала, заяц ушами захлопал, ёж палочкой застучал:

— Солнышко-вёдрышко, выгляни, высвети!

— Кто под окошком кричит? — спросило солнышко. — Кто мне спать мешает?

— Это мы — цыплята, да сорока, да заяц, да утка, да ёж. Пришли тебя будить: утро настало.

— Ох, ох!.. — застонало солнышко. — Да как мне на небо выглянуть? Три дня меня тучи прятали, три дня собой заслоняли, я теперь и заблестеть не смогу...

Услыхал про это заяц — схватил ведро и давай воду таскать. Услыхала про это утка — давай солнце водой умывать. А сорока — полотенцем вытирать. А ёж давай колючей щетиной начищать.

А цыплята — те стали с солнышка соринки смахивать.

Выглянуло солнце на небо — чистое, ясное да золотое.

И всюду стало светло и тепло.

Вышла погреться на солнышке и курица. Вышла, закудахтала, цыплят к себе подзывает.

А цыплята тут как тут. По двору бегают, зёрна ищут, на солнышке греются.

Кто не верит, пусть посмотрит: бегают по двору цыплята или нет?

В. Данько

С утра до вечера

1

За окном расцвёл вьюнок,
На верёвочке звонок.
Зазвонили мураши:
— Просыпайтесь, малыши!

ПРОСНУЛИСЬ.

2

Шарик с Муркой тут как тут,
Малышей у двери ждут:
— Поиграйте с нами,
Мы не можем сами!

ПОИГРАЛИ.

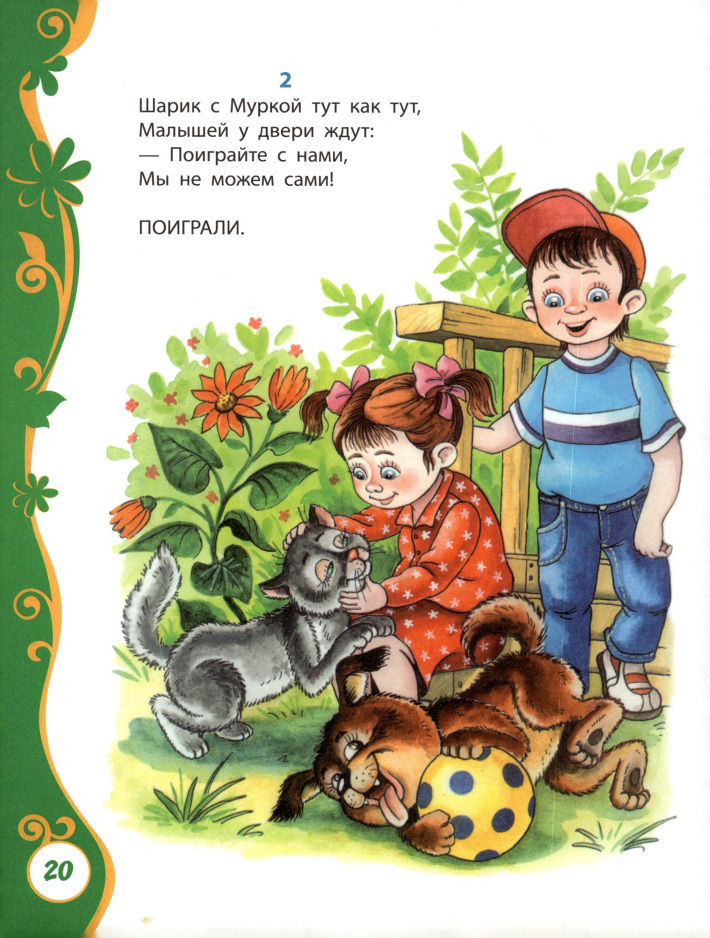

3

Пробегали ручейки,
Звали к берегу реки
Загорать, купаться,
В лодочке кататься.

ИСКУПАЛИСЬ.

4

А потом
За бугром
Заворчал сердито гром!

ИСПУГАЛИСЬ.

5

Хлынул дождь
Проливной,
Всех ребят погнал домой.

ПОБЕЖАЛИ.

6

Дома бабушка встречала,
Пирогами угощала.

СЪЕЛИ.

7

Лампу дедушка включил,
Внуков азбуке учил.

УЧИЛИСЬ.

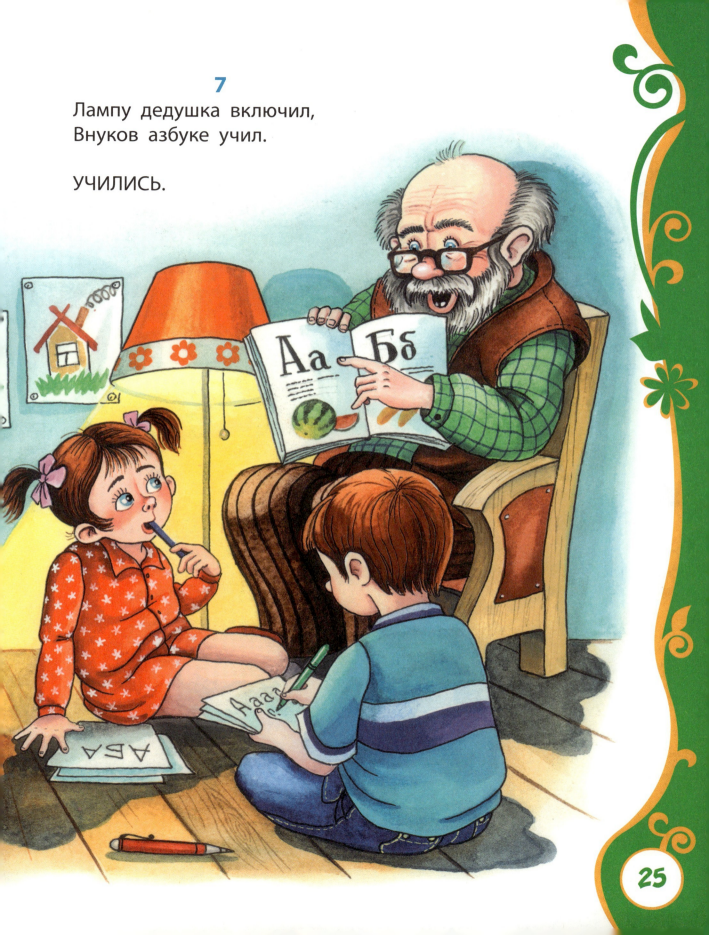

8

Звёзды на́ небе блеснули,
Ночь пришла,
И все

УСНУЛИ.

Колосок

Украинская сказка

Жили-были два мышонка, Круть и Верть, да петушок Голосистое Горлышко. Мышата только и знали, что пели да плясали, крутились да вертелись. А петушок чуть свет поднимался, сперва всех песней будил, а потом принимался за работу.

Вот однажды подметал петушок двор и видит на земле пшеничный колосок.

— Круть, Верть, — позвал петушок, — глядите, что я нашёл!

Прибежали мышата и говорят:

— Нужно его обмолотить.

— А кто будет молотить? — спросил петушок.
— Только не я! — закричал один.
— Только не я! — закричал другой.
— Ладно, — сказал петушок, — я обмолочу.
И принялся за работу.

А мышата стали играть в лапту.

Кончил петушок молотить и крикнул:

— Эй, Круть, эй, Верть, глядите, сколько я зерна намолотил!

Мышата запищали в один голос:

— Теперь нужно зерно на мельницу нести, муки намолоть.

— А кто понесёт? — спросил петушок.

— Только не я! — закричал Круть.

— Только не я! — закричал Верть.

— Ладно, — сказал петушок, — я снесу зерно на мельницу.

Взвалил себе на плечи мешок и пошёл.

А мышата тем временем затеяли чехарду. Друг через друга прыгают, веселятся.

Вернулся петушок с мельницы, опять зовёт мышат:

— Сюда, Круть, сюда, Верть! Я муку принёс.

Прибежали мышата, смотрят, не нахвалятся:

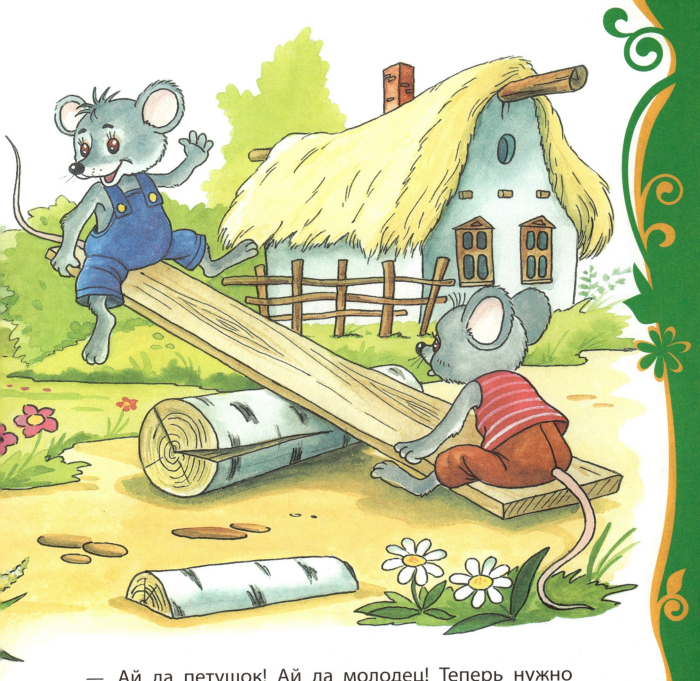

— Ай да петушок! Ай да молодец! Теперь нужно тесто замесить да пироги печь.
— Кто будет месить? — спросил петушок.
А мышата опять своё.
— Только не я, — запищал Круть.
— Только не я, — запищал Верть.

Подумал, подумал петушок и говорит:
— Видно, мне придётся.
Замесил он тесто, затопил печь, посадил в неё пироги.

Испеклись пироги, петушок их вынул, выложил на стол, а мышата тут как тут. И звать их не пришлось.
— Ох, и проголодался я! — пищит Круть.
— Ох, и есть мне хочется! — пищит Верть.
Скорее сели за стол. А петушок им говорит:

— Подождите, подождите! Вы мне сперва скажите: кто нашёл колосок?

— Ты нашёл! — громко запищали мышата.

— А кто колосок обмолотил?

— Ты обмолотил! — потише сказали оба.

— А кто зерно на мельницу носил?

— Тоже ты, — совсем тихо ответили мышата.

— А тесто кто месил? Дрова носил? Печь топил? Пироги кто пёк?

— Всё ты, — чуть слышно пропищали они.

— А вы что делали?

Что сказать в ответ? И сказать нечего. Стали Круть и Верть вылезать из-за стола, а петушок их не удерживает.

Не за что таких лодырей и лентяев пирогами угощать!

В. Данько

Солнышко

Стоит на небе домик,
В нём Солнышко живёт,
Чай из самовара
На крылечке пьёт.
И бродит у крылечка
Облачко-овечка.

Вдруг,
Угрюма, тяжела,
Туча нá небо вползла.
Туча к Солнышку ползла,
Гром и молнию везла.

Загремела у ворот:
— Кто тут в домике живёт?

Солнышко не испугалось,
Вышло и заулыбалось:

— Пожалуйте в гости,
Только, чур, без злости.

— Вот так чудо-чудеса! —
Улыбнулись небеса!
Грома с молнией не стало,
Туча злиться перестала,
И на синие луга
Вышла
РА-
    ДУ-
        ГА!

Х.-К. Андерсен

Гадкий утёнок

Стояла чудесная весенняя пора. На солнечном припёке на берегу большого пруда сидела на яйцах утка. Сидела она уже давно, и ей это порядком надоело.

Наконец яичные скорлупки затрещали.

Послышалось «пи-пи-пи», и из скорлупок показались утиные носики. Лишь одно, самое большое, яйцо никак не лопалось. Наконец затрещало и оно, и оттуда вывалился большой серый птенец.

— Фу! Какой некрасивый! — недовольно оглядела его утка. — И совсем непохож на остальных.

На другой день утка повела утят на пруд.

— За мной! — скомандовала она, и — бултых! — утята один за другим очутились в воде.

Большой утёнок не отставал и ловко работал лапками. «Ну и что же, что некрасивый, зато смелый!» — решила утка.

И вот всё семейство отправилось на птичий двор. Что тут был за гам! Два петуха подрались из-за рыбьей косточки, и в конце концов она досталась кошке. Обитатели двора оглядели утят и похвалили всех. Лишь большой серый утёнок никому не понравился.

А одна курица подскочила и клюнула его:

— Фи, какой гадкий!

Бедный утёнок не знал, что и делать. И надо же ему было уродиться таким безобразным, чтобы сделаться посмешищем для всего птичьего двора!

И он решил уйти куда глаза глядят.

Он шёл и шёл и наконец оказался на болоте. Там он провёл несколько дней по соседству с дикими утками. Но и они не пожелали признать его.

А однажды на болоте вдруг раздались выстрелы охотников и лай собак. Утёнок в страхе бросился прочь.

К вечеру он добрался до домика на окраине леса, где жила старушка с котом и курицей.

— А ты умеешь нести яйца? — спросила она утёнка.

— Или мурлыкать? — добавил кот.

Но бедный утёнок не умел ни того ни другого. Обитатели домика решили, что проку от него не будет, и прогнали несчастного.

Наступила осень. Листья на деревьях пожелтели. С каждым днём становилось всё холоднее. Утёнок так и жил в одиночестве. Но это было лучше, чем сносить насмешки. Как-то раз в небе появилась стая чудесных белых птиц. То были лебеди. Смутное волнение охватило утёнка. Птицы уже скрылись из виду, а он всё никак не мог успокоиться.

Пришла холодная зима. Для утёнка настали трудные времена. Ему приходилось плавать без отдыха, чтобы не дать воде совсем замёрзнуть. Но с каждой ночью пруд всё больше затягивало льдом. Не раз утёнок был близок к гибели, но всё-таки чудом выжил.

Наконец кончилась зима, пришла весна. Снова солнце согрело землю своими тёплыми лучами, и природа ожила. За зиму утёнок вырос и окреп. Теперь он мог летать высоко в небе. Это было так чудесно!

Однажды он увидел на озере трёх белых лебедей. Утёнок узнал красивых птиц и устремился им навстречу. Подплыв, он низко склонил перед ними

голову и вдруг — увидел своё отражение. Он стал таким же, как они! Прекрасным белым лебедем!

А осенью все лебеди полетели в тёплые края. С ними летел и гадкий утёнок, превратившийся в прекрасного лебедя.

Он был счастлив!

В. Маяковский

Что такое хорошо и что такое плохо?

Крошка-сын
           к отцу пришёл,
И спросила кроха:
— Что такое
           х о р о ш о
и что такое
           п л о х о? —
У меня секретов нет, —
слушайте, детишки, —
папы этого
           ответ
помещаю
           в книжке.

— Если ветер
        крыши рвёт,
если
     град загрохал, —
каждый знает —
          это вот
для прогулок
        плохо.
Дождь покапал
      и прошёл.
Солнце
    в целом свете.
Это —
    очень хорошо
и большим
      и детям.

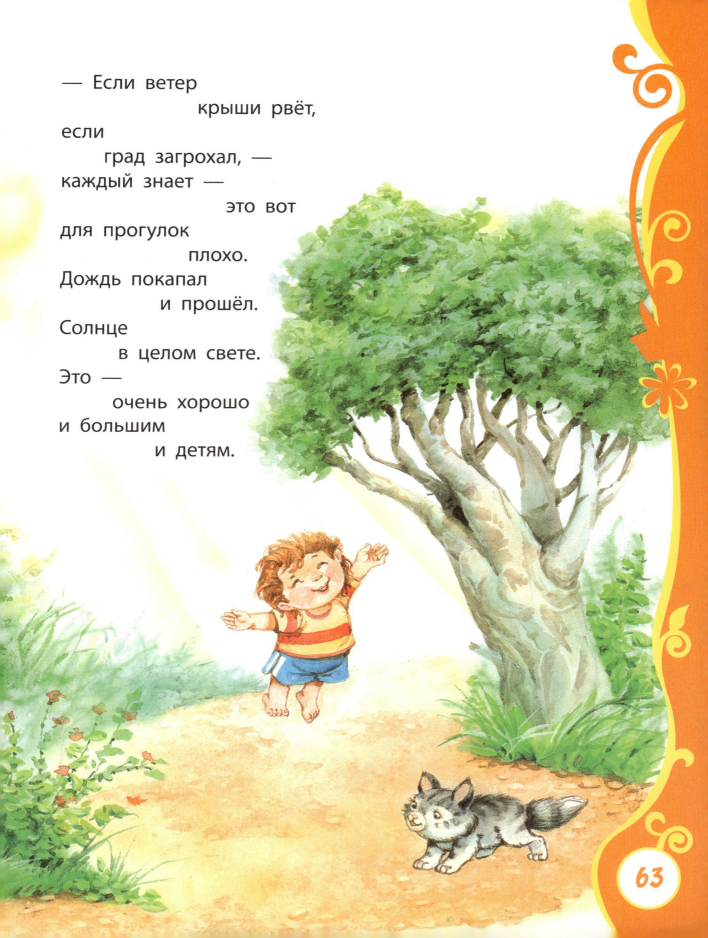

Если
   сын
      чернее ночи,
грязь лежит
       на рожице, —
ясно,
    это плохо очень
для ребячьей кожицы.
Если
   мальчик
      любит мыло
и зубной порошок,
этот мальчик
        очень милый,
поступает хорошо.

Если бьёт
          дрянной драчун
слабого мальчишку,
я такого
          не хочу
даже
          вставить в книжку.
Этот вот кричит:
             — Не трожь
тех,
кто меньше ростом! —
Этот мальчик
          так хорош,
загляденье просто!

Если ты
　　　　порвал подряд
книжицу
　　　　и мячик,
октябрята говорят:
плоховатый мальчик.
Если мальчик
　　　　любит труд,
тычет
　　　　в книжку пальчик,
про такого
　　　　пишут тут:
он
　　　　хороший мальчик.

От вороны
            карапуз
убежал, заохав.
Мальчик этот
            просто трус.
Это
    очень плохо.
Этот,
    хоть и сам с вершок,
спорит
    с грозной птицей.
Храбрый мальчик,
            хорошо,
в жизни пригодится.

Этот
      в грязь полез и рад,
что грязна рубаха.
Про такого
          говорят:
он плохой,
         неряха.
Этот
     чистит валенки,
моет
   сам
       галоши.
Он
   хотя и маленький,
но вполне хороший.

Помни
 это
  каждый сын.
Знай
 любой ребёнок:
вырастет из сына
   свин,
если сын —
  свинёнок.
Мальчик
 радостный пошёл,
и решила кроха:

«Буду
 делать х о р о ш о,
и не буду —
   п л о х о».

И. Пивоварова

Всех угостила

Я друзей
Сегодня днём
Угощала
Киселём.

Съели лиски
По две миски,
Облизали ложки,
И, отведав киселя,
— Мур-р-р, — сказали кошки.
— Хрю-хрю-хрю,
Хорош кисель! —
Радовались свинки,

И пеструшки-курочки
Выпили по крынке.
— Замечательный кисель! —
Белки похвалили. —
Мы такого киселя
Никогда не пили.

Прилетел и воробей,
Прыгнул на окошко,
И ему досталось тоже
Киселя немножко.
Всех друзей
Я киселём
Вкусным угостила,
Не беда, что мне самой
Так и не хватило.

З. Александрова

Дождик

К нам на длинной мокрой ножке
Дождик скачет по дорожке.
В лужице — смотри, смотри! —
Он пускает пузыри.
Если лужицы нальются,
Так и хочется разуться,
Побежать и потрясти
В тёплом дождике кусты...
Дождь плясал по огороду,
Поливал на грядки воду,
Тучу-лейку перенёс,
Напоил в полях овёс.
Сохнут вымытые чисто
Лопухов большие листья.
Это очень хорошо,
Что сегодня дождик шёл!

В. Данько

Что делать после дождика?

— Что делать после дождика?
— По лужицам скакать!

— Что делать после дождика?
— Кораблики пускать!

— Что делать после дождика?
— На радуге качаться!

— Что делать после дождика?
— Да просто улыбаться!

В. Осеева

Добрая хозяюшка

Жила-была девочка. И был у неё петушок. Встанет утром петушок, запоёт:

— Ку-ка-ре-ку! Доброе утро, хозяюшка!

Подбежит к девочке, поклюёт у неё из рук крошки, сядет с ней рядом на завалинке. Пёрышки разноцветные, словно маслом смазаны, гребешок на солнышке золотом отливает. Хороший был петушок.

Увидела как-то раз девочка у соседки курочку. Понравилась ей курочка. Просит она соседку:

— Отдай мне курочку, а я тебе своего петушка отдам.

Услыхал петушок, свесил на сторону гребень, опустил голову, да делать нечего — сама хозяйка отдаёт.

Согласилась соседка — дала курочку, взяла петушка. Стала девочка с курочкой дружить. Пушистая курочка, тёпленькая, что ни день — свежее яичко снесёт.

— Куд-кудах, моя хозяюшка! Кушай на здоровье яичко!

Съест девочка яичко, возьмёт курочку на колени, пёрышки ей гладит, водичкой поит, пшеном угощает. Только раз приходит в гости соседка с уточкой. Понравилась девочке уточка. Просит она соседку:

— Отдай мне твою уточку — я тебе свою курочку отдам!

Услыхала курочка, опустила пёрышки, опечалилась, да делать нечего — сама хозяйка отдаёт.

Стала девочка с уточкой дружить.

Ходят вместе на речку купаться. Девочка плывёт — и уточка рядышком.

— Тась, тась, тась, моя хозяюшка! Не плыви далеко, в речке дно глубоко!

Выйдет девочка на бережок — и уточка за ней.

Приходит раз сосед. За ошейник щенка ведёт. Увидала девочка:

— Ах, какой щеночек хорошенький! Дай мне щенка — возьми мою уточку!

Услыхала уточка, захлопала крыльями, закричала, да делать нечего. Взял её сосед, сунул под мышку и унёс.

Погладила девочка щенка и говорит:

— Был у меня петушок — я за него курочку взяла, была курочка — я её за уточку отдала, теперь уточку на щенка променяла.

Услышал это щенок, поджал хвост, спрятался под лавку, а ночью открыл лапой дверь и убежал.

— Не хочу с такой хозяйкой дружить! Не умеет она дружбой дорожить.

Проснулась девочка — никого у неё нет!

В. Данько

Мой пёс

Я пса нашёл.
Совсем щенок.
Он под дождём
Стоял и мок.
Он был измучен,
Худ и слаб.
Текла вода
С ушей и лап
И с кончика хвоста,
Как с мокрого куста.

И я сказал:
— Пойдём со мной.
Пойдём, щенок,
Ко мне домой!

Теперь мы неразлучны с ним.
Он стал приятелем моим.
И если я
Учу урок,
Урок за мной
Твердит щенок.

Ходить везде со мной он рад —
К друзьям
И на каток...
Он рос
И рос
Сто дней
Подряд.
Он больше
Не щенок!

Он стал теперь
С меня почти.
С такой собакой
Не шути!

Но если кто-нибудь из вас
Окажется в беде,
На помощь он придёт тотчас,
В огне
Или в воде.

Спасёт
Мой пёс
Меня
И вас,
Как я
Его
Когда-то спас.

А. Барто

Не одна

Мы не ели, мы не пили,
Бабу снежную лепили.

Снег февральский слабый,
                    слабый,
Мялся под рукой,
Но как раз для снежной бабы
Нужен нам такой.

Нам работать было жарко,
Будто нет зимы,
Будто взял февраль у марта
Тёплый день взаймы.

Улыбаясь, как живая,
В парке, в тишине,
Встала баба снеговая
В белом зипуне.

Но темнеет — вот досада!
Гаснет свет зари,
По домам ребятам надо,
Что ни говори!

Вдруг нахмурилась Наталка,
Ей всего лет пять,
Говорит: — Мне бабу жалко,
Что ж ей тут стоять?

Скоро стихнет звон трамвая
И взойдёт луна,
Будет баба снеговая
Под луной одна?!

Мы столпились возле бабы,
Думали — как быть?
Нам подружку ей хотя бы
Нужно раздобыть.

Мы не ели, мы не пили,
Бабу новую слепили.

Скоро стихнет звон трамвая
И взойдёт луна,
Наша баба снеговая
Будет не одна.

И. Пивоварова

Волшебная палочка

Я палочкой волшебной
Тихонько проведу
По белому и чистому
Бумажному листу...

И на листе распустятся
Волшебные цветы,
Нигде-нигде на свете
Таких не встретишь ты!

Беру я снова палочку
Волшебную, и вот
Волшебный город с башнями
Лиловыми встаёт,

А в нём живут волшебники
В плащах и сапогах.
Тихонько колокольчики
Звенят на колпаках.

А в небе сразу светят
И звёзды, и закат...
Волшебники смеются,
Мне пальцами грозят:

— Уже, приятель, поздно!
Давно пора в кровать!
Скорее раздевайся
И хватит рисовать!

Н. Саконская

Разговор о маме

От чистого сердца,
Простыми словами
Давайте, друзья,
Потолкуем о маме.

Мы любим её,
Как хорошего друга
За то, что у нас
С нею всё сообща,

За то, что, когда
Нам приходится туго,
Мы можем всплакнуть
У родного плеча.

Мы любим её и за то,
Что порою
Становятся строже
В морщинках глаза.

Но стоит с повинной
Прийти головою —
Исчезнут морщинки,
Умчится гроза.

За то, что всегда
Без утайки и прямо
Мы можем доверить
Ей сердце своё.

И просто за то,
Что она наша мама,
Мы крепко и нежно
Любим её.

Я. Аким

Неумейка

Слыхали?
Сегодня
В подъезде
Восьмом
Ходил почтальон
С необычным письмом.

Измятый
Конверт,
А на нём
По линейке
Написано чётко:
ВРУЧИТЬ НЕУМЕЙКЕ.

На первый этаж
Письмоносец
Зашёл.
Увидел, как Вову
Сажали
За стол.

Со сказкою Вове
Вливали бульон.
— Письмо Неумейке! —
Сказал почтальон.

За ложку
Схватился
Испуганный
Вова,
А мама ответила:
— Нету такого!

В квартире
Над ними
Жил мальчик
Андрюшка.
По комнате всей
Раскидал он
Игрушки.

Услышав про адрес,
Смутился
Андрейка:
— Не думайте, дядя,
Что я — Неумейка!

Я, дядя,
Ещё не окончил
Игру,
Вот выстрою
Домик —
И всё уберу.

Направилась
Почта
В квартиру направо,
Где только проснулся
Голубчиков
Слава.

Сестрёнка ему
Надевала
Чулок,
А Слава скучал
И глядел
В потолок.

Сказал почтальон:
— Неплохая семейка!
Не здесь ли живёт
Гражданин
Неумейка?

Но Слава,
Услышав
Обидное слово,
Чулок натянул
И воскликнул:
— Да что вы!

Я сам одеваюсь,
Когда захочу,
А это —
Ну... просто
Сестрёнку учу!

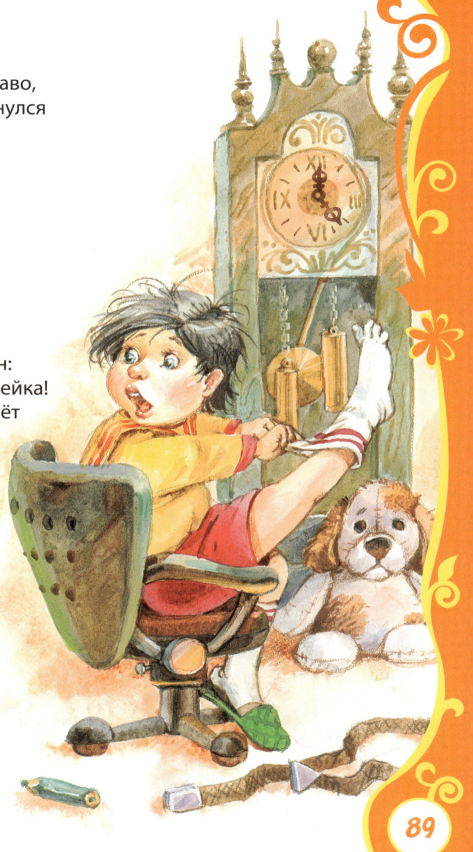

Идёт письмоносец
В другую
Квартиру —
И видит
На кухне
Такую картину:
Тарелки
Помыты
И сложены в груду,
А мама и дочь
Вытирают
Посуду.

Сказал почтальон,
Улыбнувшись:
— Беда!
Простите,
Я снова
Попал не туда.

Спустился
Во двор
Письмоносец
И вскоре
Чуть-чуть не упал
На трёхлетнего
Борю —
Цветы
Поливал он
Из маленькой
Лейки.

И здесь
Не нашёл
Почтальон
Неумейки!

Присел
Почтальон,
Отдохнул
И опять
Отправился в путь
Неумейку искать.

...Письмо
Получателя ищет
По свету.
Но что же в письме?
Рассказать по секрету?

Два слова
В конверте
Письма заказного:
ПОЗОР НЕУМЕЙКЕ! —
Обидных два слова.

И я вас прошу,
Постарайтесь,
Ребята,
Чтоб это письмо
Не нашло
Адресата!

Э. Мошковская
Обида

Я маму мою обидел.
Теперь никогда-никогда
из дому вместе не выйдем.
Не сходим с ней никуда.
Она в окно не помашет,
я тоже не помашу.
Она ничего не расскажет,
я тоже не расскажу...
Возьму я мешок за плечи,
я хлеба кусок найду,
найду я палку покрепче,
уйду я, уйду в тайгу!
Я буду ходить по следу
в страшный-страшный мороз!

И через бурную реку
буду строить мост!
И буду я главный начальник,
и буду я с бородой,
и буду такой печальный
и молчаливый такой...
И вот
будет вечер зимний,
и вот
пройдёт много лет,
и вот
в самолёт реактивный
мама возьмёт билет...
И в день моего рожденья
тот самолёт прилетит,
и выйдет оттуда мама,
и мама меня простит!

В. Осеева

Гостья

В детский сад пришла чужая кошка,
В сильный дождь откуда-то пришла,
Постучалась лапкою в окошко,
На карниз уселась и ждала.

По стеклу сбегали быстро капли
На худое кошкино лицо,
Лапки серые в воде обмякли...

Мы открыли двери на крыльцо.
Все гурьбой мы бросились к окошку —
Сыпал дождь на головы с берёз!
Первый я схватил чужую кошку,
Поднял вверх и в комнату принёс.

Мы налили в блюдечко какао,
Накрошили сладкий пирожок...
Гостья выпила, сказала: «Мяу!»
По-кошачьи значит: «Хорошо!»

В. Осеева

Кудлатка

Я до вечера гуляла,
Но Кудлатки не видала.
Не пришла гулять Кудлатка,
Не носила мне лопатку,
Не встречала звонким лаем.
Где она — не понимаю!

Утром я пораньше встала,
Прямо к будке побежала,
В будке тоже нет Кудлатки,
Но зато... лежат щенятки!

Да какие!.. Меховые!
Настоящие! Живые!
Друг на дружку лезут в кучу,
И один другого лучше.
Я их сразу полюбила,
Тёплым шарфиком прикрыла,
Имена им надавала...
Вдруг Кудлатка прибежала!

Поворчала, а потом
Помахала мне хвостом,
Языком щеку лизнула
И во весь свой рот зевнула.

— Спи, — сказала я Кудлатке.
Спит она. И спят щенятки.
Я на корточках сижу,
Крепкий сон их сторожу!

А. Барто

Уехали

Щенка кормили молоком,
Чтоб он здоровым рос.
Вставали ночью и тайком
К нему бежали босиком —
Ему пощупать нос.

Учили мальчики щенка,
Возились с ним в саду,
И он, расстроенный слегка,
Шагал на поводу.

Он на чужих ворчать привык,
Совсем как взрослый пёс,
И вдруг приехал грузовик
И всех ребят увёз.

Он ждал: когда начнут игру?
Когда зажгут костёр?
Привык он к яркому костру,
К тому, что рано поутру
Труба зовёт на сбор.
И лаял он до хрипоты
На тёмные кусты.

Он был один в саду пустом,
Он на террасе лёг.
Он целый час лежал пластом,
Он не хотел махать хвостом,
Он даже есть не мог.

Ребята вспомнили о нём —
Вернулись с полпути.
Они войти хотели в дом,
Но он не дал войти.

Он им навстречу, на крыльцо,
Он всех подряд лизал в лицо.
Его ласкали малыши,
И лаял он от всей души.

И. Пивоварова

Ёжик

Нашли в лесу мы ёжика
И принесли домой.
Пускай по кухне бегает,
Колючий и смешной.

Пускай ворчит сердито,
Пыхтит, как паровоз,
Пускай суёт повсюду
Свой круглый чёрный нос!

Ему мы дали коврик
И чашку с молоком,
А утром он вернётся
В тенистый бурелом,

Где тихо и прохладно,
Где ландыши стоят,
Где ждут его ежиха
И пятеро ежат.

Э. Мошковская

Кузнечик

Он прыгнул на дорогу...
А я уж ставил ногу
и чуть не наступил!
И чуть я не убил!

Как подпрыгнул
тот кузнечик,
он весёлый!
Он живой!
Хорошо, что я заметил!
Хорошо, что он живой!

В. Осеева

Волшебное слово

Маленький старичок с длинной седой бородой сидел на скамейке и чертил что-то на песке.

— Подвиньтесь, — сказал ему Павлик и присел на край.

Старик подвинулся и, взглянув на красное сердитое лицо мальчика, сказал:

— С тобой что-то случилось?

— Ну и ладно! А вам-то что? — покосился на него Павлик.

— Мне ничего. А вот ты сейчас кричал, плакал, ссорился с кем-то...

— Ещё бы! — сердито буркнул мальчик. — Я скоро совсем убегу из дому.

— Убежишь?

— Убегу! Из-за одной Ленки убегу. — Павлик сжал кулаки. — Я ей сейчас чуть не поддал хорошенько! Ни одной краски не даёт! А у самой сколько!..

— Не даёт? Ну, из-за этого убегать не стоит.

— Не только из-за этого. Бабушка за одну морковку из кухни меня прогнала... прямо тряпкой, тряпкой...

Павлик засопел от обиды.

— Пустяки! — сказал старик. — Один поругает — другой пожалеет.

— Никто меня не жалеет! — крикнул Павлик. — Брат на лодке едет кататься, а меня не берёт. Я ему говорю: «Возьми лучше, всё равно я от тебя не отстану, вёсла утащу, сам в лодку залезу!»

Павлик стукнул кулаком по скамейке. И вдруг замолчал.

— Что же не берёт тебя брат?

— А почему вы всё спрашиваете?

Старик разгладил длинную бороду:

— Я хочу тебе помочь. Есть такое волшебное слово…

Павлик раскрыл рот.

— Я скажу тебе это слово. Но помни: говорить его надо тихим голосом, глядя прямо в глаза тому, с кем говоришь. Помни: тихим голосом, глядя прямо в глаза…

— А какое слово?

Старик наклонился к самому уху мальчика. Мягкая борода его коснулась Павликовой щеки. Он прошептал что-то и громко добавил:

— Это волшебное слово. Но не забудь, как нужно говорить его.

— Я попробую, — усмехнулся Павлик, — я сейчас же попробую.

Он вскочил и побежал домой.

Лена сидела за столом и рисовала. Краски — зелёные, синие, красные — лежали перед ней. Увидев Павлика, она сейчас же сгребла их в кучу и накрыла рукой.

«Обманул старик! — с досадой подумал мальчик. — Разве такая поймёт волшебное слово!»

Павлик боком подошёл к сестре и потянул её за рукав. Сестра оглянулась. Тогда, глядя ей в глаза, тихим голосом мальчик сказал:

— Лена, дай мне одну краску… пожалуйста…

Лена широко раскрыла глаза. Пальцы её разжались, и, снимая руку со стола, она смущённо пробормотала:

— Ка-кую тебе?

— Мне синюю, — робко сказал Павлик.

Он взял краску, подержал её в руках, походил с нею по комнате и отдал сестре. Ему не нужна была краска. Он думал теперь только о волшебном слове.

«Пойду к бабушке. Она как раз стряпает. Прогонит или нет?»

Павлик отворил дверь в кухню. Старушка снимала с противня горячие пирожки. Внук подбежал к ней, обеими руками повернул к себе красное морщинистое лицо, заглянул в глаза и прошептал:

— Дай мне кусочек пирожка... пожалуйста.

Бабушка выпрямилась.

Волшебное слово так и засияло в каждой морщинке, в глазах, улыбке...

— Горяченького... горяченького захотел, голубчик мой! — приговаривала она, выбирая самый лучший, румяный пирожок.

Павлик подпрыгнул от радости и расцеловал её в обе щеки.

«Волшебник! Волшебник!» — повторял он про себя, вспоминая старика.

За обедом Павлик сидел притихший и прислушивался к каждому слову брата. Когда брат сказал, что поедет кататься на лодке, Павлик положил руку на его плечо и тихо попросил:

— Возьми меня, пожалуйста.

За столом сразу все замолчали. Брат поднял брови и усмехнулся.

— Возьми его, — вдруг сказала сестра. — Что тебе стоит?

— Ну отчего же не взять? — улыбнулась бабушка. — Конечно возьми.

— Пожалуйста, — повторил Павлик.

Брат громко засмеялся. Потрепал мальчика по плечу, взъерошил ему волосы.

— Эх ты, путешественник! Ну ладно, собирайся.

«Помогло! Опять помогло!»

Павлик выскочил из-за стола и побежал на улицу. Но в сквере уже не было старика. Скамейка была пуста, и только на песке остались начерченные зонтиком непонятные знаки.

Э. Мошковская

Жадина

Пёс
Шагал
По переулку.
Он
Жевал
Большую
Булку.
Подошёл Щеночек,
Попросил кусочек.
Сел
Пёс,
Стал гадать:
«Дать
Или не дать?»
Погадал-погадал,
Пожевал-пожевал...
      Не дал!

Подошла
Кошка-Мяушка,
Попросила Кошка
Мякушка.
Встал
Пёс,
Стал гадать:

«Дать
Или не дать?»
Погадал-погадал,
Пожевал-пожевал...
    Не дал!

Прискакала
Лягушка,
Пошептала
На ушко,
Попросила
Лягушка
Горбушку.
Сел
Пёс,
Стал гадать:
«Дать
Или не дать?»
Погадал-погадал,
Пожевал-пожевал...
    Не дал!

Подошла Уточка,
Постояла минуточку,
Попросила Уточка
Чуточку-чуточку!
Только попробовать!

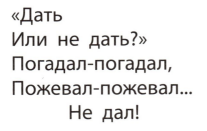

Встал
Пёс,
Стал гадать:
«Дать
Или не дать?»
Погадал-погадал,
Пожевал-пожевал...
    Не дал!

Подошла Курочка.
Попросила Курочка
Корочку!
Сел
Пёс,
Стал гадать:
«Дать
Или не дать?»
Погадал-погадал,
Пожевал-пожевал...
И сказал:
— Я бы дал!
У меня у самого
Больше нету ничего!

В. Орлов

Цветное молоко

Как-то летом,
В полвторого
(Точно вспомнить не могу),
Мише встретилась
Корова
Возле речки, на лугу.
— Вы корова?
— Я — корова!
— Я не ждал от вас такого!
— Очень мило!
Очень мило!
Чем я вам
Не угодила?
— Вы цветы жуёте летом,
Но, однако же,
При этом
Мне цветного молока
Не давали вы пока!

И ответила корова:
— Ну и что же здесь такого?
Вам цветное молоко?
Это просто и легко!
Принесу,
Даю вам слово! —
И пошла пастись корова.
Не теряя ни минутки,
Возле речки целый час
Ела только незабудки,
Чтобы выполнить заказ.
Ела, ела,
Ела, ела...
И вздохнула:
— Плохо дело!
Ничего не помогло:
Молоко белым-бело!

— М-да! —
Корова промычала. —
Нужно всё начать сначала! —
И до вечера
В овражке
Ела жёлтые ромашки.
Ела, ела,
Ела, ела...
И вздохнула:
— Плохо дело!
Ничего не помогло:
Молоко белым-бело!
Видно, что-то
Здесь не так.
Нужно кушать
Красный мак! —
Маку красного поела
И вздохнула:
— Плохо дело!
Ничего не помогло:
Молоко белым-бело! —

Опечалилась корова:
— Я, наверно, нездорова!
Не пойти ли мне
К врачу?
Я провериться хочу!
— Что ты, милая корова!
Ты у нас вполне здорова!
Никуда ты не ходи —
Ты на Мишу погляди!
Как у нашего Мишутки
Глазки словно незабудки!
Золотистые кудряшки
Словно во поле ромашки!
Щёчки словно маков цвет!
Не Мишутка, а — букет!
Значит, есть у молока
Цвет от каждого цветка!
Улыбается корова:
— В самом деле я здорова!
Мне приятно
И легко!
Я пошла по молоко.

А. Кушнер

Кто разбил большую вазу?

Кто разбил большую вазу?
Я признался, но не сразу.

Пусть подумают немножко,
Пусть на кошку поглядят:
Может быть, разбила кошка?
Может, я не виноват?

Кошка, ты разбила вазу?
Жалко серую пролазу.
Кошка жмурится на свет,
А сказать не может «нет».
Я ещё поколебался
С полминуты — и признался.

И. Пивоварова

Овечки на крылечке

Сидели на крылечке
Три грустные овечки,
Сидели и вздыхали
Овечки на крылечке.

А небо было синее,
И пели в роще птицы...
И вот одна овечка
Сказала:

— Ах, сестрицы!
Ведь скоро будет вечер
И солнышко зайдёт!
И скоро будет осень,
И роща опадёт...

— И небо будет серое, —
Добавила другая.
— Да-да, — сказала третья,
Тихонечко вздыхая, —
Завоет зимний ветер,
И вьюга засвистит!

И тут все три овечки
Заплакали навзрыд:

— Ах, как всё это грустно,
Любезные сестрицы!

А небо было синее,
И пели в роще птицы,
Светило в небе солнце,
И дождь грибной прошёл...
И было очень-очень
На свете хорошо!

Я. Аким

Первый снег

Утром кот
Принёс на лапах
Первый снег!
Первый снег!
Он имеет
Вкус и запах,
Первый снег!
Первый снег!

Он кружится,
Лёгкий,
Новый,
У ребят над головой,
Он успел

Платок пуховый
Расстелить
На мостовой,
Он белеет
Вдоль забора,
Прикорнул на фонаре —

Значит, скоро,
Очень скоро
Полетят салазки
С горок,
Значит, можно будет
Снова
Строить крепость
Во дворе!

Э. Мошковская

Жил на свете один человечек

Жил на свете один человечек,
И пошёл человечек гулять,
И нашёл он двенадцать дощечек,
И решил себе домик собрать.

И сложил он сначала крылечко,
Чтобы каждый войти к нему мог.
К сожаленью, тому человечку
Не хватило на стены досок.

Небо крышу ему подарило,
И стеной был кудрявый лесок,
Ничего, что ему не хватило,
Не хватило на стены досок!

По утрам к нему солнце входило,
Выпивало росистый квасок,
Хорошо, что ему не хватило,
Не хватило на стены досок!

И пришли к нему птицы и звери,
Майский жук заглянул на часок...
Хорошо, что на крепкие двери,
Не хватило на двери досок!..

Р. Сеф

Хороший человек

Жил-был когда-то человек,
Хороший человек.
Он радовался
Облакам
И шуму быстрых рек.
Он песни пел,
Картошку ел,
Был ростом невысок.
И лодку выстроил себе
Из тёсаных
Досок.
На ней он плавал
Много лет,
Проплыл
Вокруг земли,
И лодочке
Гудели вслед
Большие корабли.
А он всё плыл,
Дудел в рожок
И думал об одном:
«Вот был бы у меня дружок,
Мы плыли бы
Вдвоём».

Малышам о хорошем

У солнышка в гостях. Словацкая сказка
(В обработке С. Могилевской)...... 4

В. Данько. С утра до вечера 19

Колосок. Украинская сказка (В обработке С. Могилевской) 27

В. Данько. Солнышко 39

Х.-К. Андерсен. Гадкий утёнок 45

Что такое хорошо?

В. Маяковский. Что такое хорошо
и что такое плохо? 62

И. Пивоварова. Всех угостила 70

З. Александрова. Дождик 72

В. Данько. Что делать после дождика?........... 73

В. Осеева. Добрая хозяюшка 74

В. Данько. Мой пёс 78

А. Барто. Не одна 80

И. Пивоварова. Волшебная палочка 82

Н. Саконская. Разговор о маме 84

Я. Аким. Неумейка 86

Э. Мошковская. Обида 92

В. Осеева. Гостья 94

В. Осеева. Кудлатка 96

А. Барто. Уехали 98

И. Пивоварова. Ёжик 100

Э. Мошковская. Кузнечик 101

В. Осеева. Волшебное слово 102

Э. Мошковская. Жадина 108

В. Орлов. Цветное молоко 111

А. Кушнер. Кто разбил большую вазу? 115

И. Пивоварова. Овечки на крылечке 116

Я. Аким. Первый снег 118

Э. Мошковская. Жил на свете один человечек 120

Р. Сеф. Хороший человек 122

«Все лучшие сказки» — это самая полная коллекция детского чтения.

В серию вошли как самые известные и любимые, так и редкие, но не менее интересные сказки.

Созданные великими писателями или народной фантазией, они переносят маленьких читателей в волшебный мир, где живут принцы и принцессы, гномы и великаны, феи и колдуньи, в мир, где всегда побеждает добро, а зло бывает наказано!

Литературно-художественное издание
Для детей до трех лет
Серия «Все лучшие сказки»

ДОБРЫЕ СКАЗКИ И СТИХИ

Художники: В. Кастальский, В. Коркин, И. Панков

Дизайн обложки Т. А. Абрамовских

Ответственный редактор В. С. Рябченко
Художественный редактор М. В. Панкова
Технический редактор Е. С. Гусева
Корректор Л. А. Лазарева
Верстка С. А. Птицыной

Подписано в печать 15.05.18. Формат 84×108 $^1/_{16}$. Бумага офсетная. Печать офсетная. Усл. печ. л. 13,44. ID 23289. Заказ № 183.

ООО «РОСМЭН».
Почтовый адрес: 127018, г. Москва, ул. Октябрьская, д. 4, корп. 2. Тел.: (495) 933-71-30.
Юридический адрес: 117465, г. Москва, ул. Генерала Тюленева, д. 29, корп. 1.

Наши клиенты и оптовые покупатели могут оформить заказ, получить опережающую информацию о планах выхода изданий и перспективных проектах в Интернете по адресу: www.rosman.ru

ОТДЕЛ ПРОДАЖ:
(495) 933-70-73; 933-71-30;
(495) 933-70-75 (факс).

Дата изготовления: июнь 2018 г.
Отпечатано в России.
В соответствии с Федеральным законом № 436-ФЗ от 29 декабря 2010 года маркируется знаком 0+

Отпечатано с электронных носителей издательства.
ОАО "Тверской полиграфический комбинат". 170024, г. Тверь, пр-т Ленина, 5.
Телефон: (4822) 44-52-03, 44-50-34, Телефон/факс: (4822) 44-42-15
Home page - www.tverpk.ru Электронная почта (E-mail) - sales@tverpk.ru

Д57 **Добрые сказки и стихи** / В. Маяковский, В. Осеева, А. Барто и др.; Худож. В. Кастальский, В. Коркин, И. Панков. — М. : РОСМЭН, 2018. — 128 с. : ил. — (Все лучшие сказки).

В этом сборнике вы найдете замечательные стихи и сказки, на которых выросло уже не одно поколение маленьких читателей. Это произведения А. Барто, В. Осеевой, Я. Акима, Э. Мошковской и других известных и любимых авторов, а также чудесные сказки. Все они учат ребят быть добрыми, отзывчивыми и справедливыми.

ISBN 978-5-353-06810-5

УДК 82-34/1-93
ББК 84(4)

© Я. Аким, текст, наследники, 2017
© З. Александрова, текст, наследники, 2017
© А. Барто, текст, наследники, 2017
© В. Данько, текст, 2017
© А. Кушнер, текст, 2017
© С. Могилевская, текст, наследники, 2017
© В. Орлов, текст, наследники, 2017
© В. Осеева, текст, наследники, 2017
© И. Пивоварова, текст, наследники, 2017
© Р. Сеф, текст, наследники, 2017
© Макет, иллюстрации. ООО «РОСМЭН», 2017